JN408937

후세에 유명해진 시인

후세에
유명해진

이혜우 소네트 시인 시집

도서출판 천우

● 소네트(sonnet)를 쓰면서

나는 소네트를 잘 모르면서 미숙하지만, 매우 좋아하며 지금까지 10여 년간 즐겨 쓰고 있다. 소네트 시(詩)가 이탈리아 페트라르크와 영국 셰익스피어가 어떤 형식으로 썼는지 어느 시기에 유행했는지 확인할 수도 없고 확인하지도 않았다. 다만 어디서 보고 들은 기억으로 14행이라는 매력에 끌렸다. 이탈리아 스타일 4 · 4 · 3 · 3 abba/abba/cde/cde 형식으로 써오다 영국 스타일 4 · 4 · 4 · 2 abab/cdcd/efef/gg와 14 · 또는 8 · 6으로도 쓴다. 압운(押韻)을 달아주기 위하여 머리를 짜내는 어색함보다 시(詩) 속에 숨어 있는 시의 미각을 오감으로 느낄 수 있게 담백하고 맛있는 소를 넣어 쓰고 있다. 소네트는 정형시다. 소네트를 모르고 정형시를 말할 수 있을지?

그동안 유행했고 다양하게 생산되어 발표해온 작품에 더는 고도의 뜻을 바랄 수 없다고 새로움을 보일 수 있는 작품을 써보라고 주위에서 말하여 선택해본 것이다. 현대시 작품은 난해하여 폭이 넓지 못하고 개인적인 지식이라는 깊이만 파고 있다고 한다.

나름대로 나의 스타일로 소네트를 쓰고 있다. 19세기 후기 그 시대는 장시(長詩)나 연작시(連作詩)가 유행했었는지 14행도 짧다고 했다. 지금 우리나라 임보 교수는 7~8행으로 써보라 권하고 있으며 정성수 시인도 단시를 주장하고 있어 14행도 길게 느끼고 있다. 그래도 지금까지 써온 나의 시 80%는 14행의 소네트라고 말하고 싶다. 소네트는 농가월령가 식이거나 연인들의 사랑 시 아니면 연애편지 그 상태로 그대로 이상적인 상상이라 해도, 모두 벗어나 자유롭게 나의 방식대로 14행을 유지한다. 이탈리아에서 영국으로 건너와서 변형(變形)된 것을 보면 이 시대에 지금 우리나라에서 편리하게 쓰려고 바뀐 것은 크게 잘못되거나 비평받을 일은 아닌 것 같다.

그 이상 알려고 하지도 않고 다만 소네트는 14행을 유지한다는 생각이다. 소네트 시의 본질적인 규정이나 어떤 내용을 연구하며 보존(保存)할 의미는 있을 것이다. 그곳에 합류하지 못하고 독자적으로 비교적 자유롭게 제목이나 그 내용에 무게를 두고 쓴다. 시의 전문이 고도화(高度化)된 은유(隱喩)로 난해(難解)의 상징이 될 수 있게 쓰거나 해설하는 식으로 쓰면서, 엉뚱한 유머나 위트로 멋있고 의미 깊게 마무리 장식할 수도 있다. 나는 아직 미숙하여 끝없는 배움으로 공부하는 중이다.

소네트에 관하여 누구보다도 잘 아는 영문학자 최홍규(崔鴻圭) 교수에게 소네트와 나의 시를 함께 해설하여 달라고 요청했다. 최 박사와 나는 광화문사랑방시낭송회에서 만나 오랫동안 사귀어온 마음과 글이 통하는 동갑내기 문우(文友)이다.

서울 광진구 서제에서

書受 이 혜 우

제1부

후세에 유명해진 시인

제2부

파문, 감출 수 없었다

제3부

지독한 중독

제4부

마음속에 새긴 사랑

제5부

욕심에 날개를 달고

제6부

10년을 감추고

제1부

후세에 유명해진 시인

세상에 보이는 모든 것은 너무도 아름답다.
사람은 행복하게 살아갈 수 있는 방법을 찾는다.
그중에서 사랑을 추구하며
실천하려고 애쓰고 있다.
봄을 노래할 줄 알고
아름다움을 느끼게 하는 시인이 있어 행복하다.

| 공주 메타세쿼이아 힐링 거리 |

민들레가 웃었다

이 혜 우

맑은 하늘일까 살피고
조용히 바람 부는 날
일진을 보고 손 없는 날 잡아
온 누리에 정중히 고한다
세상 물정 모르는 가녀린 후사
불길 물길도 분별 못 하는 철부지에
풍수 지리학을 가르치는 마음
간절히 바라는 소망 하나
앉을자리 부귀영화 누릴 곳
사뿐히 내려앉게 해 달라고
가슴 열고 머리 풀어 젖히듯
고이 기른 자식들 새살림 보낸다
이별은 두려운 슬픔이 아니고
의무로 해야 할 종족 번식인가 보다.

여기에도 봄

이 혜 우

찬 바람 사그라지고
얄미운 꽃샘추위도 달아나니
따스한 봄바람 속에 꽃은 피고
향기 짙은 봄을 맞이한다
정겹게 봄으로 웃는 날
불러주는 여행길 나서는데
지갑을 두툼하게 채워준다
여보 사랑해 고마워
아내의 마음에도 꽃 피는가
생활에도 봄이 오는구나
즐거운 함박웃음으로
모퉁이길 돌아서 살며시 열어보니
신사임당 세종대왕은 금고에 모시고
퇴계 선생 동창회다.

봄꽃 향기 달려온다

이 혜 우

좋아하는 봄이 온다 하기에
커튼 바꿔 걸치고
창문 열어 저 멀리 내다보니
봄꽃 향기 달려온다
좋은 봄날 따사로운 날씨로
화려함을 모시고 오는데
나의 인생의 봄은 다 가버렸다고
천만의 말씀
그리워하며 뒤돌아가지도 못하는
가버린 청춘이 아깝다만
그래도 희망의 봄은 계절 따라
다시 오고 있지 않은가
인생길 못다 피운 내 꿈과 포부를
봄꽃 향기 따라 또다시 펼쳐 보련다.

사발 꽃

이혜우

어려서 철들 무렵
꽃을 알아볼 때
잊을 수 없이
처음 본 기억이 난다
그 꽃은 하얀 사발 꽃
그 앞에서
감탄했었다
보기만 해도 배불렀다.

하얀 쌀밥
고봉으로 한 사발
연상하며
그렇게 좋아했던 꽃
볼 때마다 보릿고개 생각이 나고
자꾸만 그리워진다.

해바라기 2

이 혜 우

누구도 저지할 수 없는 자존심
외고집으로 솟아오른다
하늘이 얼마나 높을까 올려보며
행복한 웃음으로 햇볕을 유혹하고
천둥과 번개에 조금도 굴하지 않고
영원할 종족 번식
세상 환하게 밝혀보자는 일념 하나로
얼굴 가두리에 품은 희망찬 자식들이다.

짓궂은 비에 젖지 않으려고
철심보다 강한 존재 의식 죽여 가며
밤새워 고개 숙인 어미의 비굴한 인고
하늘이 주신 아침 햇살에 고개 쳐들고
서산에 질 때까지 그리움보다 아쉬움으로
찬란하게 눈부신 당신을 바라본다.

맨드라미

이 혜 우

정열적인 붉은 요염
여기저기 즐겁게 웃고 있다
뜻맞아 이루지 못한 쌍가락지
수소문하고 있는가
말 한마디 못하고 떠나온 맺힌 한
지금 어느 하늘 아래에 있는지
그 애틋함을 찾아 풀어보려는가
애처롭게 보기보다 욕심내고 있다.

붉게 타오른 꽃잎 풍만한 육체
감당하지 못하고
유혹하며 눈웃음 흘려보낸다
어디에서 누구를 찾으려는가
진한 향기로 온 세상 누비며
보는 이 감당 못 할 벼슬 높이 세우고 있다.

서슴거리는 장미거리

이 혜 우

푸른 숲속 나무 사이로
향수 섞인 바람 스쳐오니
노송은 품위 잃고 흔들린다
아직 식지 않은
팔월의 햇살 같은 감성을
수풀 사이로 짓궂게 엿보니
파란 마음 움직인다
누구보다 잘 알고 있으면서
미소 지은 속마음 사립문 열지 못하고
울타리에 걸려 있다
달빛에 포개진 별빛처럼
발버둥 치는 속사랑
감당하지 못하고 울부짖고 있다
사랑은 나이가 없나 보다.

별이라 부르지요

이 혜 우

밤에 뜨는 은하수 별
부러운 별
반짝이는 품위 잃지 말고
부귀영화 누리소서
예쁘게 꽃 피우려는
송사리도 나름대로
밤낮없이 파문 없는
호수에서 놀 것이니
달밤 산 그림자 내리면
마음껏 구상할 수 있는 언사(詩)
오붓이 시향 깊숙한 곳으로
언제라도 마실 오소서
천 년이 가도 변할 줄 모르는
청정(淸淨) 속에서 함께 즐겨 봐요.

낙엽

이 혜 우

뚝뚝
빗방울 떨어지는가
이 도령 보내고
춘향이 눈물 떨어지는 소릴까

슬퍼서일까
은근슬쩍
빙글빙글 돌며
가랑잎으로 전입신고

햇볕 가리며
바람을 이기고 살아왔건만
싸늘한 밤 서릿발 칙명에
이산가족 면회 장소로 우수수

그립고 아쉬워하면서도
웃으며 가을 식구 모여들고 있다.

참치 캔

이 혜 우

족보 있어 존경받는 가문의 자손으로
육지보다 훨씬 넓고 깊은 바닷속을
활기차고 날렵하게 활동하던 네가
군락을 이루고 주름잡던 삶을 누가 낚았는가
사주팔자가 아주 사나웠더냐
하루의 운수 재수가 없어 그랬더냐
아니면 무슨 큰 죄를 지었더냐
그것도 아니라면 부모에 불효했겠구나
물속을 누비던 몸매라 육질이 좋아 단단하지
그러기에 인간의 삶을 위해 너의 희생은 빛난다
바다를 유영할 수 없는 어느 부위 한 토막이지만
즐겨볼 시 창작 하려고 캔을 딴다

파란 콩을 먹고 파랑새가 되듯이
너를 먹고 깊은 생각에 바다를 누비련다.

후세에 유명해진 시인

이혜우

인터넷 검색창이 불이 났다
지식인으로서 누가 말하기 전에
먼저 잘 알고 있어야 수치심이 없기에
저마다 이혜우 시인 검색창을 열어본다
유명한 문학평론가의 발표된 정보다
고서에서 발견하여 심도 있게 연찬하여
선입견 없이 편견 없는 작품성 평론이다
잠에서 깨어난 역사의 보물급이란다.

때로는 엉뚱한 상상을 하면서
있을 것 같은 생각을 할 수도 있다
꿈같은 기대치 희망이면서도
바보처럼 생각하는 것도 보약이 된다
모나리자 미소를 띠다 앙천대소한다
엔도르핀이 솟더니 순간 다이돌핀이 폭발한다.

빠르게 변하고 있다

이 혜 우

아프리카 속담에
노인은 도서관이라 했다
세상사 어지간히 겪었다는 경력은
변함의 속도에 따라 기가 팍 죽어 있다
탈바꿈의 꼭짓점에서
경험의 금자탑이 무너지고
세대 간의 위치 변화로
나이 어린 손자 손녀에게 배운다.

손안에 들어 있는 아주 작은 폰
효율적인 앱에 의지한 시스템
세계를 파악한 정보화시대
사실 여부만 분별하면 된다
젊은이에게 배운다는 것은
헤매지 않을 생활의 발버둥이다.

이런 날 저런 날도

이 혜 우

경로당 할머니들 모이더니
일곱 폭 동양화 들고 세월 접는다
웃음 속에 또는 찌푸리며
세상 돌아가듯 판에 눈동자 핑핑 돈다
고 하는 소리에 웃돈 보태어 내놓고
손놀림 게으르다고 재촉이 심하다
젊어서는 날렵하던 바느질 솜씨가
저리도 더딜까 돈 아까운가 보다
고 소리 자주 못 하는 저 할매 박,
출혈이 심하여 앓는 소리 커진다
일진이 안 좋은가 어제와 다르다며
일찍 집에 간다고 일어선다

용돈 주던 아들이 찌푸리고 서 있고
그 할망구 아들은 웃고 있다.

후련하다

이 혜 우

논두렁 가에서
잠자던 개구리 몇 마리
화들짝 놀라며
순간 눈을 부릅뜬다

아마도 광주리에 이고
서둘러 샛밥 내오던
농갓집 맏며느리가
어쩐지 수상하다

전에도 그랬듯이
시어머니 귀에 안 들리니
마음 놓고 방귀 트는 뿡~ 소리에
그랬을 것 같다

마음속 몸속 쌓인 그런 것들
눈치 안 보고 속 시원히.

봄 오는 소문

이 혜 우

성질 급한 마음 서둘러
잔설 뚫고 웃음 내미는 복수초
샘내는지 초경 맞이하는 동백
송이로 터져 흐른다
공원길 거니는 상춘객
옷 색깔 바꿔 가벼워지니
창문에 걸린 커튼 열리며
사람 사는 온정 스며 나온다
빨랫줄에 봄을 재촉하는
다양한 패션 걸려 있고
산새들도 보금자리 다듬고
별빛도 봄 색으로 빛낸다
청춘을 자랑하는 마음 활기차고
나이 든 노송은 핑크색으로 치장한다.

세계의 학습자료

이 혜 우

본래부터 우리나라의 한민족이다
어쩌다 남북으로 갈려 분쟁인가
언젠가는 다시 하나로 되겠지
북은 지상 천국 꿈은 허공으로 날아가고
자유로운 세상이 있는지도 모르고
세뇌되어 박해의 삶으로 허덕인다
남은 황금만능주의로 부를 누리고
자유로운 자유는 법을 이기고
장미꽃 찬란한 풍요로운 삶이다
남한의 호화스런 생활 배부른 삶
북한의 지옥 같은 처참한 몸부림
선택의 여지가 없는 현실 정치다
자유민주주의 독재자 비극의 결과
세계는 학문적 본보기로 연구해보라.

봄은 사랑을 부른다

이혜우

겨울로 하여 외로움의 시련이 길었다
마음은 정서에 메말라지고
가슴속은 삭막하여 고독해지고 있는데
그리워하던 사랑의 봄이 웃으며 나선다
허전한 가슴을 풀어주려는지
희망의 봄비는 폭신하게 내려주어
심장 깊이 발효된 흙냄새에
설레는 마음 참지 못하고 안달한다
주인 찾아 헤매던 색상들
간절한 속내 폭발시켜
꽃송이에 전이하여 활짝 웃으며
가슴속 깊이 불 지르고 있다
서둘러 하고 싶은 결혼은 왜 못 하나
성숙한 청춘남녀 사랑으로 봄을 읽는다.

배부른 개미

이혜우

개미집에 커다란 먹잇감을 넣어주어 봤다
분주하게 움직이며 웅성거린다
초고속 경제 해결로 먹을 것이 풍부하니
일할 필요 없이 배가 부르기에
다방면으로 생각이 미치고 있나 보다
폭넓은 문화에 참여하고
도덕과 예의 공자를 죽이고
핑크색을 좋아하고
아쉬움 없어져 존경심도 사라지고
민주주의 인권을 부르짖으며
서로 지배하겠다고 정치적으로 앞장서서
감투싸움에 거짓과 술수가 난무한다
잘하기보다 보물찾기에 몰두하고
상식이 파도치고 양심에는 잡초만 무성하다.

제2부

파문, 감출 수 없었다

·
·
·

누구나 사랑이 있고
소망이 있지요.
살아갈 어려움과 아름다움이 있어
잘될 것이야 하며
진정한 마음으로 기도하는 것은
모두를 위하여 정신적으로 의지함이리라.

| 정겨운 느티나무 |

봄이라 부르지요

이 혜 우

봄눈 녹이는 따스한 햇볕이
아지랑이 앞세워 살포시 내려주어
계절의 변화는 어쩌지 못하고
온 누리에 성장의 자유를 선포한다
잠자고 있던 만물의 영혼은
금방이라도 세상을 변화시킬 듯이
연두색 꿈의 깃발 펴 들고
땅을 가르고 솟아오르며 웃고 있다
청춘의 본질은 사랑이라 하기에
연약한 꽃잎 속에 감춘 순정
소복하게 부풀어 오르며
고도의 유혹 향기 뿜어내고 있다
산새도 애절하게 임 찾아 울고 있어
노송의 송홧가루 바람에 휘날리고 있다.

신상품 개점

이 혜 우

황금 송이 하늘을 덮고 있어
시루 구멍 따라 내리는
아주 맛 좋은 숲속의 햇살
명당자리에서 행운의 꿀맛을 본다

금박 명함의 빨간 열매 뿌리
야릇한 웃음 띠는 약초의 효험
솔향을 포개어 산새 노랫소리
맑은 물 흐르는 사연 모두 가미한 청풍

아직 담아 오는 이 없지만
언젠가는 시간 따라 정해진 용량
미세먼지 스모그로 숨쉬기 게을러져
삼 년 고개 정가로 생필품이 될 거다

갈매기 소리 바닷가 내음이 좋을지
청량 계곡 계절 따라 오복(五福) 향 넣으면.

보물이 되고 싶다

이 혜 우

지구의 창조 작품으로
만물의 전열 속에 숨은 보물
인간이 감히 찾아야 할
엄청난 구도(構圖)가 있다
분야에 따라
작품 속에 세밀한 관찰력으로
새겨진 뜻을 찾는 것은
오로지 인간의 몫이다.

금은보화에 따른 광물
석유 가스 매장량까지
섬세히 찾아야 한다
보물은 주인이 바뀌어도 영원하다
사람마다 가슴속에 품어둘 수 있는 것
시인이 우주를 후벼파 시를 지으면.

아픔도 별처럼 빛나게

이 혜 우

어느 날 갑자기 날아든 꽃씨 하나
야무진 꿈 사랑으로 키워왔다
가슴에 심어둔 남모르는 찬란한 빛
커피를 마시며 은하수의 별을 세었지
어렵고 힘든 세상살이에도
즐겁고 애절하게 그려온 청사진
꺾어 들지 못하고 머물다 갈 것인가
아름다운 노을빛으로 저물려나

비탈길로 돌아서는 그리움
견뎌낸 세월 너무 아까워하며
행복을 바라는 마음의 간절함
자랑스럽게 다듬어간다
즐기는 꿈으로 진솔한 사랑 꽃피우니
기다리던 말 한마디 가슴속 파고든다.

피어나는 봄날에

이 혜 우

소리 없이 폭죽이 터지듯
환호 소리 들린다
꽃 피는 순간
눈부신 세상으로 바뀐다
새 세상이 열리고
찬양하는 소리 들린다
하늘에 구름도 비켜 날고
따스한 햇볕은 축하 윙크 보낸다
저마다 이름은 달라도
꽃이라는 성씨로 웃고 나선다
이 봄날에 순결한 마음
한 송이 누구에게 줄까 살펴본다
천지를 사랑할 수 있는 꿈이 여물어
야무진 새로움의 시 탄생하기 바란다.

애호박

이 혜 우

악착 하나로 살아보겠다고
넝쿨 감아 돌며 길 찾아
울타리에 생명줄 걸고
때 이른 더위와 힘 겨룬다
초복이 오기 전 귀염둥이 되려고
사랑스러운 풀벌레 소리 들으며
복스럽게 키워낸 자식
고귀하게 금은보화로 대접받는다.

입가에 매달린 하소연
다하지 못하고 처연해질 때
깊은 밤 내리는 은방울 모아
목욕하고 마시며 살찌우고 있다
밤새도록 축복해주는 소쩍새 소리에
가슴 부풀어 오르는 힘찬 모습.

순서는 없었다

이 혜 우

봄으로 하여
희망이 싹터 오른다
정갈하게 가꾸어
키운 덕이었나
미래가 꽃봉오리로
성숙해진다
주어진 기회를 잘 잡아
깊은 관심 가졌기에
성장하는 경쟁도 없이
순조로웠나 보다
누군들 욕심이 없었겠는가
세상사 험한 경쟁이라 하지만
복인지 숙명인지
지름길도 있다는 것을 보았다.

파문, 감출 수 없다

이 혜 우

호수에 물수제비 지나간 뒤
잔잔히 잠들지 못하고
동그라미로 몸서리친다
적막이 따스한 사랑의 터치로 알고 있다

오랜만에 만나 손잡고 악수를 했다
질겁하며 웃음으로 감추고
얼굴이 빨개지며 뒤돌아선다
나이 든 가슴에 성애의 씨앗이 발아되었나

어쩌면 그리 손이 따스하냐고
마음 진정시키고 돌아와 실토한다
순간의 황당한 행복을 오랜만에 맛본 듯
인생 늦가을에 웃음꽃 피운다

가슴속에 사그라지던 순정의 파문으로 요동칠 때
감추지 못하는 청춘이 남아 있어 행복해 보인다.

홀쭉, 최고의 명당자리

이 혜 우

삼 형제가 가난하게 살고 있었는데
부모님의 산소를 이장한 오 년 후
가운데가 형님과 동생을 집으로 초대하여
형은 떠덩 떠덩떵 떵떵 큰소리치며 살고
동생도 따당 따당땅땅 따당 땅 · 땅 · 땅 하며 잘살고
가운데 나는 홀쭉하여 아무런 소리도 못 내어
불쌍하고 가련하게 이토록 못살고 있으니
땅속에 계신 부모님이 어떻게 생각하시겠습니까
하여 부모님 산소를 산봉우리 똑같은 명당 터로
이달이나 내달 내로 신속히 이장을 제의합니다
형이 잠시 심각하게 생각하더니
원래 부모님 산소는 장구통 명당자리라서
동생과 상의해서 삼억씩 생활비로 보태주겠네
형과 동생 자자손손 연말 정기총회서 정한다.

봄이 와야 할 이유

이 혜 우

힘들게 버티던 잔설
슬픈 듯 녹아내리는 모습에
양지바른 아지랑이
건너다보며 웃고 있다
훈 바람 불어오니
철들은 산새
꽁지 흔드는 사연에
온 누리 연초록으로 움튼다.

순박하던 산골 마을
웅성거리는 봄소식에
새색시 분홍치마 입고
노랑 저고리 멋있게 웃는다
여기에도 봄이 온다면
결제 카드 부담 없이 척척.

봄 오는 소리

이 혜 우

싸늘한 삭풍 몸으로 안아보기도 전에
혹독한 추위 정들까 걱정도 안 했다
추울 때는 추워야 하는데 무슨 변인가
겨울 상(商)이 통곡하는 사이 입춘도 지나갔다
장바구니에 봄나물 웃으며 찾아 들어오니
고향 논두렁 밭두렁이 그립다며
처녀 시절 영상을 보여준다
참으로 예쁜 얼굴 모두 탐냈었는데
시집오던 그해 어쩌면 그리도 추웠는지
가마 속에 요강이 얼었었다고
오래전 그때 끼고 오던 청옥 가락지는
생생하게 기억하며 말해준다
온 누리 연두색 희망이 피어나고 있으니
가슴속 마르지 않은 춘정이 솟아오른다.

참사랑은

이혜우

바다는 더럽고 오염된
온갖 구정물 흙탕물
심지어 욕설까지
모두 받아들이고
듣기 싫은 충고의 말
따끔한 회초리로
맑고 깨끗하고 정겹게
정화한다
비싼 여우의 꼬리도
듣기 좋은 감언이설도
청담(淸談)하게 반추하고
소금물로 참신하게 한다
떠도는 허한 바람 소리
흐르는 물소리 구분할 줄 알아야 한다.

아닌 게 아니라 그려

이 혜 우

한평생 살아가노라면
아무리 어려워도 명문거족
가문의 뿌리라는 부담이 있다
그러므로 정도를 찾는 것이다
지나친 욕심 버리고
주어진 현실에 충실하여
올바른 길을 이탈하지 않고
참다운 마음 유지하면 숙명도 웃어준다
행복은 마음속으로
예쁘게 가꾸어 유지해 나가며
덮어주고 다독여 사랑한다면
하늘의 보답 받을 것이다
가는 세월 속에 먹구름은 거치고
보람찬 삶이 활짝 웃어주리라.

배움은 자란다

이혜우

첫 시집 출간하고 나서
가슴 설레며 좋아했었지
누구에게나 자랑하고 싶었고
밤새도록 읽어도 싫증 안 났지

아는 사람에게 책을 그냥 주며
내 마음과 함께 공감하기를 바라고
내가 지은 시(詩) 기특하게 생각했는데
지금은 누가 볼까 두려움이 앞선다

모르는 것이 너무나 많고
생각이 부족하여 이렇게 썼나
후회할 내용으로 부끄럽다만
그중에서 칭찬할 작품도 더러 있더라

조금은 분별하며 볼 줄 안다는 것
그동안 많이 배웠구나.

얼마나

이 혜 우

명산 줄기 따라 아늑한 터전
울안에 물이 복스럽게 솟아
거울 같은 샘물이 넘쳐흐른다
여름이면 차가우며 시원하고
겨울에는 김이 모락모락 오르는
이름하여 장수천(長壽泉)이라 한다

아들 할배가 엄마 할매를 모신다
전에는 등에 업고 동네 한 바퀴 돌더니
이제는 손수레에 싣고 다닌다
온 동네 소문으로 효자상을 받는다
벌써 여러 번째다
건강하게 천년을 산다면 누가 싫어할까

이 우물은 부모님 것이지 내 것이 아니어
어느 날 할배는 상복을 입고 우물을 메꾸고 있다.

바다로 보내주고 싶은 고래

이 혜 우

한숨 소리에 여름은 가고 찬 바람 불어와
가슴속마저 싸늘해지는 초겨울 어느 날
한강 물가에 추억을 찾으러 와보니
분주하던 버스 종점도 한가히 맞이한다
강물은 역류도 없이 흐르기만 하며
기억도 못 하고 반가워할 줄도 모른다
덩굴장미 아치는 싸늘하게 서 있고
날마다 그리움이 기다리고 있었단다
비바람 불어도 마음은 살아 있었고
아늑한 속삭임으로 동그라미 그렸지
그래도 남아 있는 추억 하나로 웃고 있다
그나마 있었기에 초라하지 않구나
감당 못 할 상처 남기고 싶지 않아
고래 되어 바다로 어서 가라 보내주련다.

우리는 우정이니까

이 혜 우

장미꽃 아치 세워진 앞에 서서
환하게 웃으며 기다리던 청순함
찰칵 그 한마디 듣고 저장하려고
예쁘게 얼굴 들어 보이던 아리따움
흔하면서도 아주 귀한
일기장에만 적어둔 그 말
정녕 하지도 듣지도 못하고
사진첩에 채워진 추억의 사연만 품고 있다
보내는 마음이나 돌아오지 않는 눈길
사랑은 담뿍 배어 있으면서도
더 큰 상처 남길까 두려워 무거운 발길
감당할 수 있을 때 떠나려고 노를 젓는다
언제까지나 가슴이 아프겠지만 그래도
어디서나 행복을 빌어주면서도….

산삼

이 혜 우

빨간 꽃으로 피워낸 알찬 모습
한 마리의 허기진 눈으로 선택받아
한 끼 식사거리로 채워진 씨앗
고향 떠나 고공 저공으로 실려 와
깊은 산속 후미진 좋은 자리에
쾌변으로 태어난 귀한 몸
온갖 향기 속에 성숙하였고
강제 이주한 서러움 달래며
고귀한 족보 유지해왔다
욕심낼 값진 모습 피하려 했으나
본래의 귀한 모습을 감추지 못하고
생김새도 변장 못 하고 살아온 모습이었다
고향 풍향에 고개 들고 보니
날카로운 눈초리에 심봤다 외치기 전에 숨는다.

마주 앉은 커피잔

이 혜 우

찬 바람 싸늘한 가을비
촉촉이 내리고 있어
메마른 가슴에 서정이 파고든다
서럽게 나뭇잎 떨어지고
가을꽃 고운 얼굴
일그러져 울며 눈물 흘리고
약속한 겨울은 성큼 오는데
멀리 가신 임 서둘러 오지 않고
바람 소리에 귀 기울이게 하나
커피는 식어가고 있는데
창문에 노크하는 빗소리
오늘 밤도 잠 못 이루겠네
외로움을 바라보는 눈빛
아쉬움도 소중함을 배운다.

코로나19 너

이 혜 우

발버둥의 한계를 넘어
생존의 법칙으로 요상하게 변하여
예고도 없이 코끝에 침략하려는가
부득이 마스크로 저지한다
고향에서나 잠시 머물다 말 것이지
어쩌자고 여권도 없이 침략하여
날마다 별을 세며 점령군의 발자취를 더듬고
사랑의 거리를 재야만 하는가
근본도 없이 사람에게 숙주 하려는 너에게
통치로 사용했던 약재의 배설물이
더 큰 병마로 엄습할지 모르겠구나
사랑이 없으면 저주나 말 것이지
학수고대의 백신이 나오는 날
세계지도는 혐오 색 없이 밝아질 것이다.

제3부

지독한 중독

•
•
•

시인의 눈은 보이는 시각이 별나다.
삼라만상 변화되는 것도
세계를 지배하는 유행도
바람이 몰고 가는 구름의 흐름도
모든 사물의 마음가짐까지
시인의 펜 끝에서 알려진다.

| 지리산에서 |

여름 가니 사랑이 온다

이혜우

파란 하늘 등에 업고
하얀 무늬 만들어 띄워 보내니
온 누리 산뜻하게 웃으며 즐겁다 한다
황금벌판은 풍요를 자랑하며 허리띠 풀고
청춘이라며 욕심껏 부푼 꿈
아름다운 풍경 이루어 곱게 색칠하니
속삭이던 밀어들 앞서 다투며 고개 내민다
춥지도 덥지도 않은 참 좋은 이 계절에….

낮은 자리 떠 있는 고추잠자리
날씬한 코스모스 올려본다
잊을 수 없는 추억이라고
오늘을 돌아보고자 일기장 꺼낸다
깊이 파고드는 가을 정에 취하여
발효된 속마음 어디에 뿜어야 할지.

이름 없어도 마음은

이 혜 우

들에 핀 수많은 잔치 꽃
눈여겨보아
이름이라도 지어주었으면
문패라도 달아놓을 것인데
그리운 생각 꽃송이에 담고
보고 싶은 마음은 눈에 밟히고
흐르는 눈물 봄비로 바꾸는
사랑이 그리운 봄을 맞이한다.

고요한 달빛에 볼을 비비면
반짝이는 별빛은 시샘하고
마음은 꽃으로 피웠는데
첫사랑을 피우지 못한 고달픔
이름 없는 들꽃이 마시는 물
따스한 햇볕 시원한 바람 시인의 사랑이 있다.

모르고 사는 삶

이 혜 우

한평생 살아갈 길
숨은 그림이 있다
알려 해도 알 수 없는 그림
기대감으로 살아가고 있다
이 세상에 알현했으면
수많은 분야에서
봉오리로 피거나 우뚝 솟아
어느 봉우리에 안착 할 줄 알았다.

주어진 꿈이 사그라졌는가
아직 다가서질 못했는가
기다림에 희망을 그려본다
그러면서 겨우 여기까지 왔다
대단하다는 장관이라도 할 줄 알았나
인생은 깨달음에 있다는 것을 배운다.

선풍기

이혜우

열 받아 머리가 돌아가고 있다
쉴 사이 없이 일해야 하고
날마다 잔업을 시키고
요즘은 아예 밤새워야 한다
전기세 폭탄이란 신조어로
가장 큰 피해자가 되었다
서민의 대표적인 피서인데
이해타산에 밝은 세상이다
무슨 희망으로 돌아야 하는가
숙명적으로 타고난 운명이던가
한숨 어린 삼복이 원망스럽다
이토록 더운 날 피서도 못 가고
즐거워도 슬퍼도 아무 말 못 하고
찬 바람 불러 빙글빙글 돌아야 한다.

카페인

이 혜 우

향기 짙은 커피 찻잔 속에 잠복한다
기분 좋은 작은 파문이 번지고
순간 감미로운 향기에 취하며
깊은 터널로 빨려들어 간다
어느 보충대 역할 하는 곳인지
주점이 있고 정육점 식당 마트도 있다
잘 먹는 식성인가 보다 바다도 있다
심지어 인삼 보약도 보인다
여기저기 분주히 서두르며 바쁘다
뇌물 준 일도 없는데 선착순으로
호명에 따라 절대명령을 수령한다
무색무취의 약효 중독성 발휘하여
예민하게 신경을 깨워주고
강하게 버티는 훈련을 시키란다.

삶

이 혜 우

퇴근길 전철에서
재수가 좋아 자리 잡고 앉았다
옆 사람 피곤하여 꾸벅 졸더니
침을 흘리며 금세 잠을 잔다
나도 본보다 전이되어
석청을 맛보고 있다가
세 정거장이나 그만
다시 내릴 곳으로 돌아오는데
그 맛에 네 정거장이나
다행이다
다섯 여섯 정거장 지나지 않고
한 정거장만 보낸 것이

오늘 밤의 꿈 웃으며
자가용 타고 드라이브하련다.

주사

이 혜 우

어여쁘고 친절한 백의 천사
유혹의 눈웃음 보이며
은밀한 방으로 안내한다
전에도 그랬듯이
허리띠 풀어 바지를 내리고
귀여운 엉덩이를 내보이며
유난히 예쁜 속옷을 보여준다
아무런 반응 없이 조금 더 내리세요
애무인가 달래는 것일까
손바닥으로 후려치는 것은 아니고
살며시 두들긴다 그것도 여러 번
순간 따끔한 충고 주었는지
다시는 찾아오지 말라는 듯
건강 기원 손끝으로 비벼 전해준다.

연두색 비가 오니

이 혜 우

저마다 경쟁이 요란스럽다
유명한 명함 앞세우고
누구는 이름은 없어도
곱게 치장한 얼굴 내밀고 나선다
사랑 노래 간절히 부르며
벌 나비 유혹하여
청사초롱 불 밝히고
사랑의 꿀맛을 본다
봄풀은 초록으로
바다를 이루고
나뭇잎은 덩달아
연두색으로 움튼다
산새는 임과 함께 날갯짓하니
온 누리에 시 풍년 들고 있다.

곶감

이 혜 우

호랑이가 눈을 부라리며
콧수염을 실룩거리고
몸을 부르르 떨다
몹시 화를 내더니 조용히 물러선다
꿀맛이라 하면 고도의 정상
지혜의 방법으로 갈무리해온
긴긴 겨울밤 사랑의 먹거리
이것이라면 아가의 울음도 뚝 그칠 만하지
자존심 상하고 무척 화가 난다
내가 최고로 알아 왔는데
눈 크게 뜨고 올려봐야 할
건너편 봉우리가 더 높구나
호랑이도 굴복하고 물러섰는데
억대 통장에 밀려나는구나.

곶감의 하소연

이 혜 우

아가의 울음소리 뚝 그치게 하는 호랑이
무서움으로 당당하게 군림해왔는데
도대체 무엇인지 정체성도 모르고
곶감에 눈물을 머금고 지존의 자리를 빼앗긴다
한때는 달콤한 사탕의 맛으로
고귀한 자리가 흔들리기도 했으나
역사에 담긴 포근한 맛의 품위로
그런대로 유지해왔다는 곶감
억대 통장 소리가 들리고
똘똘한 아파트 한 채 증여라 하니
하품하고 입도 못 다물고 있다
새로운 부(富)의 힘으로 물러서야 하는가
부는 권력에 약하다 하지
아가 장관이 탄생할지 모르겠다.

군밤

이 혜 우

몹시 추워 손발 시린 날
따뜻한 군밤 한 봉지에
우리 가족의 사랑
웃음꽃 피운다

혼자보다
함께 먹는 사랑의 군밤
어제도 먹었는데
날마다 먹어도 되나

가는 길 발걸음 멈추게
군밤이 나를 부른다
어쩔 수 없이 또 먹는다
정말 맛있다

남은 군밤 한 톨 눈치만 살펴
싸움 날까 걱정이다.

축구공

이 혜 우

중앙선을 발에 채며 넘나든다
아픔의 서러움을 이겨내야 하고
악연의 원한도 없는데
이토록 발길질에 굴려야 하나
둥근 몸을 사랑하겠다고
서로 뺏으려 경쟁하는 것인가
놀림받으며 시련을 겪는 것은
순식간에 저지선 넘어 돌진이다
단단히 지키고 있는 문
철옹성 수문장이 있어도
막무가내로 날렵하게
그 선을 넘어 들어가야 한다

순간 골인이라며 환호 소리 들린다
영광의 보람은 누구의 것인가.

지독한 중독

이 혜 우

포근하고 아늑한
시인의 가슴속에는
항상 시(詩) 꽃 피우려고
봉오리 져 있다
어느 곳에서나
이미지를 상견하고
마음에 드는 사물에 의하여
활짝 피워보려는 간절한 소망
준비된 감정의 너그러움은
상상력을 불러 궁합을 보고
하늘이 준 인연으로
오로지 꽃가마 태워주려는 열성
고칠 수 없이 중독되었으니
평생을 두고 선보러 다닌다.

시의 천재가 되려면

이 혜 우

언제나처럼
오늘도 아침 해가 뜬다
새로운 꿈은 벌판을 이루는데
나에게 어떻게 펼쳐져 올지
틈나는 대로
눈은 언사(詩) 따라 수십 리 길
손끝은 집(集) 찾아 무전여행 떠돌아도
만인이 웃어줄 양식 구하지 못하니
풍요로운 검색창이 있고
날마다 천가시(千家詩) 태어나고
세계를 돌아본 눈빛 감당하기 어려워
어느 처녀지를 찾아야 호기심 표현할지

생각난다 옛날이야기
도깨비방망이나 감투 그것 하나 구해보자.

이정표는 시인이 만든다

이 혜 우

항상 가까이 있는 듯
우주 속의 무상한 속삭임이
눈언저리에서부터
귓전에 머무르며 생각 속에 있다
뭉게구름을 뒤에 두고
하늘 높이 나는 새들도
계절 따라 꽃 피는 소리도
하나같이 관심사가 되고 있다.

생물을 비롯한 사물에 이르러
철 따라 갈아입는 옷치장
지구 몸을 스치는 바람 소리도
자연을 변화시키는 노랫소리까지
삼라만상의 변화무궁한 구슬을
시인은 시어에 꿰어 보물을 만들고 있다.

시 속에 살고 있다

이 혜 우

시인이 되고 싶은 생각은
애초부터 상상도 못 했다
우연히 숙명적으로 시인이 되었다
아직은 부끄러운 시인이지만
여러 사람이 시인이라 불러주면
마음속으로 매우 기뻤다
지금은 감당하기 부담스러워
일구월심 노심초사 시 꿈꾸고 있다.

이왕지사 시인이 되었으니
대단한 명작은 아니어도
보는 이마다 웃으며 볼 수 있으면 한다
마음에 드는 시를 만나면 정말 기분이 좋다
피곤을 모르고 시를 읽으며 분해하다 보니
어느덧 수탉이 홰치며 울고 있다.

거대한 숲

이혜우

깊은 산 자세히 살펴보니
크고 작은 나무에 가시덤불
숲으로 보니 아름답구나
저마다 개성 있는 모양새
자랑하며 자존심 내세우며
자기의 색깔로 시를 쓰고 있다
호화스럽게 보여도
향기 없이 초라함 감추지 못하고
옷매무새로 으스대고 있다
성질머리 사나운 야생마도 보이고
그중에는 본뜻을 잃지 않고
높고 낮은 장단의 은유와 비유도 있다
숲속에도 햇살은 비추어주고 있어
수많은 생명체가 시를 쓰고 있다.

우리는 한 몸 되어(두물머리)

이혜우

산 그림자 두툼한 강물 따라
어디서 오는지 본향도 묻지 않고
하늘이 맺어준 덕으로 한 몸 되자는
인연으로 이곳에서 서로가 상견례 한다
저마다 계절 따라 꿈길 찾아
다른 길을 돌고 돌아 수많은 흐름에도
한줄기 곧은 마음 다독이며
주어진 숙명에 순응하는 낮은 자리 채움
달콤하고 포근한 잠도 잘 수 없이
잔잔한 날 엄마 품 자장가 생각하지만
때로는 초록이 단풍 되어 심상이 괴로워도
기다리는 그곳 창파로 함께 가야 한다
그 어떤 서러움과 불만이 있어도
결코 역류할 수 없는 숙명의 길이다.

세월을 시와 함께

이 혜 우

때로는 할 말을 못다 쓰고
가슴속에서 참으며 삭힐 때가 있다
참기 어렵고 반추하기 힘들 때
산에 올라 높은 하늘의 허공을 본다
혼자서 피보다 진한 감정 뿜어내어
만인이 좋아할 시 한 편
그런 꿈 하나 건지려 하지만
낚아챌 미늘이 녹슬었나 자꾸 벗어난다
떠나지 않는 욕심이 있다
만인이 반겨줄 수 있고
함께 웃으며 맛볼 수 있는
청포도 같은 상큼한 시
한세상 사는 것 허무라 하지만
인생은 한 편의 시(詩)다.

바다는 소리친다

이 혜 우

흰 구름 떠 있는 여름이라고
즐겁게 보낼 바닷가 찾아가잔다
입이 즐거울 바닷가재도 먹어보고
가슴 트는 수평선의 저녁노을 보고
다녀오면 한동안 가벼워지는 마음속
사는 동안 즐거운 눈웃음 잊지 말고
이제라도 낭만적으로 살아보자
식지 않은 청춘 꿈에 불 지펴보자
젊은 청춘 시절로 돌아가
지금이 그때라고 힘을 내보자
파라솔 아래서 사랑 꿈도 꾸고
일광욕 모래 속에서 찜질도 하고
푸른 물결 가슴에 품으니
비키니의 힘으로 아직은 꽃송이다.

제4부

마음속에 새긴 사랑

때로는 약속 없이 멀리
떠나고 싶을 때가 있고
비가 오면 그리움으로
추억이 앞에 나서기도 한다.
파랑새 되어 임 계신 그곳으로
날아가 보고 싶어지기도 한다.

| 기차여행 |

꽃 피는 사연

이 혜 우

봄으로 열리는 만화방창
고운 색으로 저마다 웃는 얼굴
제 모습 아름답다고 전시한다
참으로 곱게 피워내 요염하다
사람들 보라고 피운 것이라고
천만에 착각하지 마시라고
사람들이 짝사랑으로 좋아할 뿐이지
저마다 작은 소망 하나씩
종족 번식하겠다는 본능으로
향기 뿜으며 유혹하는 것이지
꽃잎 지면 슬프다 하지만
꽃들은 경사스러운 결실이다
서둘러 열매로 후세 두는 것으로
피고 지는 것은 사랑하고 가는 것이야.

그 사람의 숙명

이 혜 우

볼 수 있는 참다운 은혜
모두에게 특별히 주어진 눈
자기만의 자유다
하늘 보고
땅을 보고
온천지 다 볼 수 있다
그것도 마음껏
그러나 참아야 할 것도 있더라
그녀는 오해했다
시간의 조바심에 자꾸
그녀의 뒤에 있는
벽시계를 쳐다봤는데
어이없이 코를 끼어
여태까지 살고 있단다.

마음속에 새긴 사랑

이 혜 우

사랑의 인연은 아니어도
그리워하며 보낸 세월
어느덧 주먹 고개 넘어가고 있다
여기까지 이어온 외나무다리
골수에 맺힌 그리움은 아니지만
언젠가는 헤어져야 한다는 애달픔
그때는 누가 보아도 아름답고
찬란한 석양이 되고 싶다.

한때의 두렵고 겁나던 성냥불
세상에 태울 수 없는 바위가 있고
또 다른 마른 숲이 있어도
부싯돌 번쩍하지 못했다
억제해야 한다는 마음속
힘겨운 싸움으로 요란스럽다.

농주

이혜우

먹고사는 식량 부족하다고
곡식으로는 절대 금지하던 시절
어디 그렇게 되던가
농사일하고자 밀주를 담근다
동네 어귀 느티나무 아래서
일꾼들의 오후 새참 막걸리 한 동이
한잔 술 생명줄 넘어가는 소리 환상곡
마디진 손으로 깊은 피로를 물려낸다.

지나는 나그네 불러 정겹게 권한다
툭툭한 막걸리 정으로 고맙게 받아 마시고
두 잔은 절대 사양하는 아량
생각 속에 숨어 있는 뜻깊은 사랑
민족의 씨앗으로 가슴속 깊이 남아
어려움 헤쳐 나갈 양심은 안녕하라고.

부적(符籍)과 함께

이 혜 우

어느 누가 어느 날 해 질 무렵
살며시 그 집을 찾아 들어간다
품위 있는 사람 위엄 있어 보이는 그 앞에
조용히 사주(四柱)를 본다
관상(觀相) 수상(手相)까지 보고 있다
더불어 성명철학(姓名哲學)까지
자세히 모든 인생사를 살펴본다
참 좋은 숙명을 전수하여 태어났다고 하며
절대로 관재(官災)가 없어
누구와 시빗거리도 없고
사소한 파출소 불려갈 일 없고
교도소 들어갈 일은 절대로 없다고 한다
얼씨구나 주는 돈 모두 받아 쓰고
값비싼 명품 선물까지 주는 것 챙겨 받자.

복수초

이 혜 우

세계에서 제일 높은 산에 올라
사나이로 뽐내 보려는 인내력일까
모함받은 충신의 억울한 역모로
담금질당하는 고통보다 더할까
이처럼 고난을 이기겠다는 자부심
삶의 길모퉁이 모두 돌아보고
남아 있는 자존심으로 이겨내련다
누가 시키는 것도 아닌데
독수공방 살을 도려내는 아픔보다
괴로워하는 은장도의 고통
거북 등 논바닥 목마름의 간절함
눈밭을 헤집고 솟아보려는 욕망이다
진솔한 사랑의 열정은 인정받아
냉가슴도 거부하지 못하고 살며시 열어준다.

동해의 독도

이 혜 우

끝~없이 보이지 않는 물결
소식 잊어버릴까 연속 밀려오는데
갈매기 한 쌍 인사하며 날아가네
저~멀리 보이는 섬 너무 그리워
파도에 실려 가까이 오는 듯
차가운 바람결에 옷깃 여며도
가슴은 살며시 열리면서
감추어 두었던 그 속삭임
귀밑머리 날려주며 얼씬거리네
어디 있나 그 목소리 너의 안부
줄다리기 포기할 저것들아
이제는 잊어라 잊어야 한다
연달아 밀려오는 파도의 메아리
우리 것으로 아끼는 보물이란다.

거위 털 패딩

이 혜 우

몰아치는 사나운 찬 바람이
품속에 파고들어 감당하기 힘들 때
온몸으로 포근하게 감싸주는 사랑
우리는 한 몸으로 영역을 이뤘지

함께 이겨내야 할 운명의 절박함에
너와 만남의 인연은 외나무다리
피할 수 없이 깊이 맺어야 할 운명으로
서로가 잊을 수 없다고 다짐했는데

이제 배신은 아니지만, 마음이 슬프다
변하는 연두색 세상에 또 다른 유혹으로
새롭고 가벼운 패션에 변심을 용서해다오
따뜻한 사랑은 가슴속 깊이 새겨두었다

잊을 수는 있으나 버리지는 않겠다
너를 목욕시켜 잠시 고이 간직해둔다.

봄 오면 무슨 일이

이혜우

야속한 바람은 앙상한 나뭇가지 흔들고
오늘도 지나가는 차디찬 그리움은
가슴속에 하얀 눈송이처럼 쌓이는데
불어오는 그리운 소식은 차갑기만 하다
언제쯤 봄이 오려나 정녕 올 것인가
참을 수 있는 인고는 어디까지인가
한때의 북풍은 깊어지는 그리움의 시련
오늘 밤도 안타깝게 별빛마저 차갑구나.

눈 속을 헤치고 피어오르는 복수초는
가슴속 상처 없이 솟을 수 있었을까
따사로운 햇볕에 모든 고통 잊어버리고
홀가분하게 보란 듯이 꽃으로 말하는데
이제는 예식장 예약하러 갈 것이다
듣고 싶지 않은 그 소리 뚝 그치게.

단칸방

이 혜 우

잊을 수 없이 초라한 삶
어려웠던 지난날
사계절을 소화시켜온 보금자리
부풀어 오르던 꿈의 전당이었다
가장 자유스러웠던 그곳
깜박이는 형광등 불빛 아래
작은 공간이지만 어떤 일을 하든
행복하고 즐거웠던 나의 안식처
꿈이 통통 영글어가며
삶의 청사진이 그려지던 곳
눈이 오거나 비바람 불어도
나를 보듬어주는 나의 천국
지구본 놓고 공부했는데
그러기에 이나마 웃고 있나 보다.

나에게

이 혜 우

살아가는 인생길에
세파에 발버둥 치다 보니
나를 잊어버렸었나
안부도 없이 몸을 혹사했으니
정말 미안하구나!
조금 늦었지만 이제라도
관심을 가지고 돌볼 것이다
조용히 차를 마시며
지난날 뒤돌아보며
나와의 진솔한 이야기도 하고
모든 과(過)를 범하지 않을 것이다
이제는 정말 나를 사랑하련다
오늘은 나를 위해
나에게 기립 박수 쳐준다.

고독

이 혜 우

홀로 있다 해서
외로움은 아니다
잊어버리고 있는 것도
쓸쓸함도 아니다
보기에 따라 외롭게 느껴도
많은 생각을 하게 하고
때로는 아주 복잡한
고뇌의 시간이기도 하다.

미세한 숨통을 조절하고
행복한 취미로 소화한다
다듬고 간추려
공력으로 백지 위에 밑줄 친다
바라는 꿈이 잉태하는 시기요
보람찬 창작이 탄생하는 과정이다.

마냥모

이 혜 우

늦었지만 반가운 비가 온다
천수답에 물을 대고 논두렁 부쳐
늦게나마 대용갈이하지 않고
모내기하게 되어 다행이다
손이 모자라
하루 벌어 열흘 먹는 절기라
죽은 사람도 깨워 일으킨단다
오전에 심어야지 오후는 그만큼 늦다
땟거리 준비도 하 바빠서
서둘러 하지감자 벗겨 썰어 넣고
밀가루 반죽으로
수제비 떠 끓여 먹고 쉴 새도 없다
도랭이* 짊어지고 모내기 나서는 모습
지난날의 삶을 반추해 본다.

*도랭이 : 긴 풀잎 볏짚, 밀짚으로 만든 우비.

주말부부

이 혜 우

언약으로 준 가락지 청옥은
엷은 분홍색으로 다듬이질하니
시집오던 날 생각에
원앙금침 긴 베개도 웃고 있다
허기져도 참아온 인생 파티
더듬이에 포착되어
황홀한 분위기 삶의 번지수 찾아
인사드리기 분주하다.

노심초사의 한풀이
빗장이 풀리고 버드나무 되어
황홀한 세상 다 얻은 듯
숨소리마저 높은 장단이다
오늘은 초저녁부터 비가 온다
한 주간 그토록 가물더니.

식탁 위의 풍요

이 혜 우

오늘 저녁상이 푸짐하다
깻잎절임 파란 풋고추
신선한 오이 갈라놓고
엄마 얼굴 같은 싱싱한 상추쌈

가뭄에 물 호수 따라
옥상을 오르락내리락
새파란 푸성귀 삶의 궁전
즐거움도 덤으로 풍년

어디서 삶 따라 날아왔는가
여기서 자리 잡은 들풀
함께 살고 싶었나 보다
보듬어주니 너도 예쁜 꽃 피웠구나

가꾸어 사랑을 준 만큼 입이 즐겁고
공들인 만큼 푸짐한 푸성귀가 오른다.

부지깽이

이 혜 우

아궁이 운영자로부터 마음에 들어야 한다
반항심이 강하고 단단한 몸매라야 한다
심지가 곧게 정직해야 하며
뜨거운 불길 이길 듯이 저항심이 있어야 한다
소방 의식을 강하게 지닌 놈으로서
용감하게 들어가 뭉친 혈기 골고루 펼쳐주고
가운데 산소 흡입구 마련하고 나온다
약한 허우대는 절대로 할 수 없는 일이다
신세 한탄의 부뚜막 장단 맞춰주기도 하고
바통 되어 월사금 재촉하는 딸에게 달리기도 한다
천부적인 삶의 선택 받아 그런대로 그렇게 살았다
까맣게 작아져가는 체구 새로운 모집을 재촉한다
쉬는 날도 없이 여러 수당은 꿈도 못 꾼 시대
그토록 희생하던 시절이 있었다.

제5부

욕심에 날개를 달고

•
•
•

사랑은 이해할 줄 알고
잘 숙성시키고 성숙한 마음으로
기다려보는 것이라 한다.
따스함이 보이고
아쉬움이 보이면
나는 이미 사랑하고 있다는 것이다.

| 가지색 등나무꽃(옛날 성동교회) |

쥐구멍의 볕이 뜨겁다

이혜우

어쩌다 요렇게 이런 신세가 되었는지 모르겠다
시나브로 지존이 무너지고 있으니 말이다
경제권 양보한 것도 억울한데
마누라한테 하찮은 잔소리로 지배당하고 있으니

아침이면 일찍 일어나 이불 개어 넣어라
식사 후에는 청소하고 걸레질까지 하란다
폰, 컴퓨터는 절대로 오래 하지 말고
TV도 중요 뉴스만 잠시 보라며 지청구해댄다

밖에 나가면 교양 있게 행동하시라
모든 질서는 안전하게 잘 지켜요
절대 식탐으로 과식하지 말고
사람 보아 잘 사귀어 존경받게 행동하시고

특히 예쁜 여성들 관심 두어 미투 소리 듣지 않게 해요
밥 세끼는 줄 것이고 돈은 마음대로 써요 벌어서.

빛바랜 서약서

이 혜 우

저기 이룰 수 있는 희망이 보인다
절대로 대물림은 말자
여기 우리 시대에서 매듭짓자고
찌그러진 술잔을 부딪치며 다짐했었다
보릿고개는 멀리 귀양 보내자고
힘차게 소리치며 부르짖던 그 시절
고생에 중독되지 말고 일어서자고
찬란한 무지개 같은 꿈이 있었다
한 잔 술 우정으로 나눠 마시고
옷소매로 쓱 문지른 다부진 입
아름다운 보조개의 미소
자신 있는 진실한 야망이 있었다

이제 전설 같은 사만 불 넘는 시대다
그 시절 없이 오늘날의 풍요가 있을 수 있겠는가.

첫눈

이 혜 우

스스럼없이 창가로 날아드는
첫사랑의 하얀 눈 한 송이
나는 고맙게 인사를 했다
서둘러 옥상에 올라와 보니
온 누리 청순한 마음이다
그동안 간직했던 순결
그 위에 사랑한다는 상형문자
종종걸음 발자국 확인하는데
언제 그랬냐는 듯이
소복 소복이는 금세 덮어버린다
수줍어 품속에 간직하는 것이다
품어둔은 소중한 보석이다
남모르는 사랑은
진정 아름다운 것일 거야.

겨울 바다

이 혜 우

구름에 가려진 어설픈 햇빛
파도 소리 슬프게 들리는 바닷가
바람은 품속 깊이 파고든다
보고 싶음일까 그리움일까
저~멀리서부터 밀려오는 파도
내 앞에 힘차게 다가서
하소연 한마디 없이
물거품으로 기억에 남긴다
바람이 전해주는 추억담 미소 짓고
내가 찾아 흉터 없이 아문 상처
홀가분하게 가벼워진 부담은
어디 가나 빛을 잃지 않는다
사랑으로 느껴주고 보듬어주면
마음을 읽어주는 보람의 깃발을 든다.

외로운 섬

이 혜 우

수평선 달리는 바람으로
파도는 넘실대고
기분은 들떠 흰 구름 되어 두둥실
푸른 열정으로 춤을 춘다
꿈꾸던 사랑은 활짝 피어나고
즐거운 노랫소리는 절로 나오니
마음이 활짝 열어지며
가슴은 희망의 나래로 펼쳐진다.

뭉게구름 엉키는 소리
갈매기 노랫소리 어울려
하얀 물거품으로 부서지는 고민
사랑으로 부르는 바다의 섬
외로울 때 그 섬에 함께 가면
묵묵하던 바위도 간지럽다 한다.

봄날의 사랑

이 혜 우

봄 오는 소리 들린다
모나리자 미소 짓는 소리처럼
방긋이 오고 있다
아주 부드러운 모습으로
깊은 밤에 오는 봄비는
소리도 예쁘게 들린다
꽃 피는 소리처럼
보슬보슬 내리고 있다.

꽃은 서둘러 곱게 피워내고
향기는 서로 엉켜 퍼져
감당하기 어려운 자극으로
사랑 찾아 헤매는 청춘 남녀
밤꽃 향기는 아직도 멀었으니
한숨 소리에 애교머리 흔들린다.

관계

이 혜 우

역린은
건들지 말고
아킬레스건을
노리면 안 된다
그리고
날카로운 미늘에
걸려들지 말고
함정을 피해 돌다리도 두들기란다
나는 어떻게 했는지
이기적인 아전인수는 아닌지
합리적인 변명, 확실한 증좌
힘의 역사는 누수가 있단다
정직 진실보다는 융통성 화단에
아름다운 정치 꽃을 보았다는 사람이.

숙명의 길

이 혜 우

두 주먹 불끈 쥐고
첫울음 터트리며 태어날 때부터
비껴가거나 돌아설 여지 없는 길
이미 수령 받고 가야 할 길이다
때로는 망설이게 할
이정표의 눈길이 있다 하여도
정의를 따르거나 비굴에 끌려도
결국은 주어진 나의 길이었다.

지나고 나서 후회해도 소용없다
정해진 길은 이탈할 수 없는 길
때로는 갈림길이 있었다 해도
지금까지 살아온 길이 숙명의 길이다
절대 피할 수 없는 인생길로
조화 속에 숙명으로 가는 역사의 길이다.

겨울 논

이혜우

몸속 깊이 뿌리박아
골수까지 빨아들인 결실 거두어
허물 벗기고 쓸어서
반도를 넘어 백미로 챙겨 가고
언제 그랬냐는 듯이
무엇을 어떻게 더 바라는지
눈비 몸으로 다 받아들이게 하고
추운 날 이부자리도 없이 재우고
그루터기만 힘없이 나열해
제식훈련 시키고 있다
몸 녹아내는 우수경칩 지나야
독사 풀 솟아오르고
발금자리 지칭 개 하품하고 나서면
자운영꽃 촛불집회 하겠지.

욕심에 날개를 달고

이 혜 우

언제나 그러하듯 심심한 하루가 열린다
답답하고 지루함에 끌려
위험한 망상에 거리를 배회하며
그립다는 핑계가 우선멈춤 없이 나선다
평소에 가장 아끼던 핑크 하트
간곡히 불러낼 유혹의 프로그램
체면을 세워주고 예의를 갖추더니
소유의 욕심은 철조망 없이 접근한다.

어제저녁 입맛에 맞게 과음한 탓인지
순간 불안했던 존엄이 허물어지고
기다렸다는 듯 은장도 값이 흥정 되어
입산 금지 표지판이 웃으며 비켜선다
서로의 존재감에 소방차가 울부짖고
고이 간직한 밀어들이 회식하고 있다.

만나면 즐거워

이혜우

이제는 시퍼런 날도 뒤돌아서고
무디고 무던하여 주물러도 터지지 않는
바람 적당한 고무풍선처럼
이곳 누르면 저쪽으로 불거지고
뼈 없는 문어 같은 사람이라서
물렁거리면서도 이도 안 들어간다고
순수한 인간미에 이끌리어
그렇게 모여 인생을 말하자고
애타는 열정도 잊은 지 오래지만
스스로 사랑한다는 생각이 앞서고
그저 그냥 그렇게 남은 아쉬움으로
마음 맞는 사람들끼리 만나는 것이라고
주어진 천금 같은 시간 이런 날
금고에 두고 아껴 쓰고 싶다.

뻐꾸기와 뱁새

이 혜 우

쏟아지는 햇볕 받으며
고요한 하늘을 가르는 소리 요란하다
본능적인 종족 번식 의무를
타고난 어리석은 작은 새에 맡기고
내림 바탕 울음소리로
사랑의 전달 애처로운 신호
배신에 날갯짓은 힘을 받아 거세지며
이별의 날 서두르고 있다.

알고나 있을까 주어진 슬픈 사연을
저보다 훨씬 크게 기른 정으로 보람을 찾고
사랑의 울음소리 기다리겠지
그러나 이별은 슬프게 다가온다
세상 삶 속에 눈감아주어야 할 일인가
조물주의 더 큰 조화가 숨어 있는가?

생태계 북진하고 있다

이 혜 우

꽃 소식 들리는 이른 봄이다
꽃은 피지 않고 있는데
때 이른 벌 나비 날아든단다
엇박자로 무너지는 생태계
한라산에 서식하는 동, 식물
육지로 이주 서두르고 있다고 한다
사과 배도 올라오고 물고기도 서성인다
춘하추동은 어떻게 변해 가는가
북극 얼음 벽은 무너지고
자연 치유는 어렵다는데
삶의 모습은 어떻게 변화되려는지
병들어 끙끙거리는 지구는 약이 없는가
춘하추동은 변하고 삼한사온은 귀양 가고
서울에서 바나나 따 먹게 되려나.

나르시시즘

이 혜 우

어느 시장 골목 바닥에
며르치 다섯 마리 펴 있다
메마른 산 8부 능선에 별이 뜨니
앞발 없는 파리 날고 있고
더듬이 없는 개미 기어간다
구두 밑창이 고장이 났는데
누가 고쳐주지 못 본 체한다
번지수 없는 주소불명으로
헤매며 까마귀 소리 읊는다
제 깐에 영리한 촉수가 가물거리다
어느 담벼락에 부딪히니
비웃는 소리 구분 못 하고 두리번
누가 어깨를 탁 치는데
부끄러운 줄도 모르고 헤벌쭉 웃는다.

새벽

이 혜 우

이른 봄 갯버들 나뭇가지에
희망찬 새싹이 나오고
잔디밭 속잎 돋아 움트고 있으니
동네 힘센 장 닭이 홰를 치며 운다
산봉우리마다 환하게 웃으며
두견화 피워 온 누리에 알려주어
잠을 깬 음객 삼라만상 찾아 나서는데
갓밝이 서둘러 분위기 잡는다
교회마다 기도하고
먼 사찰의 종소리도 울리는데
노총각 탱탱해진 요의로 잠 깨우고
시절을 꿰매던 청상과부 늦잠 든다
이불 속의 봄날은 식을 줄 모르는데
생일상 준비할 아낙 눈 비비는 소리 들린다.

아관파천(俄館播遷)

이 혜 우

정저지와(井底之蛙)의 쇄국(鎖國)이었나
기울어져 가는 국운은
주변 정세의 덫과 올무에 걸려
발버둥 치며 벗어나려 할 때
명성황후시해사건으로
만인공노할 을미사변 일 년 후
왕으로서 세자를 안고 영추문을 나서
남모르게 찾아든 러시아 공관이다
거센 외세로 풍전등화에서
나라의 등불 밝혀보자고
1년여 이곳에서 국사를 보다
궁여지책으로 결단을 내린다

대한제국을 만천하에 선포하고
이 나라의 황제로 즉위한다.

흰 줄 표시 건널목

이 혜 우

백의민족 하얀 의상으로 누워 있다
질주하는 자존심 차단하여
한순간 주어진 권위 보호하고자
눈비 오는 사계절 봉사한다

빨간불 지원받아 굴복시켜
정지선에 머물게 하고
화살표의 공주 거리 안내로
촉박한 두리번거림의 불안감

축지법 써야 갈 수 있는 노약자
용돈 가득 실은 유모차 서두르고
자장면 철가방도 건네고
우체국 배달 오토바이도 급하게 간다

예쁜 미니스커트 너무 빨리 간다
한가한 새벽별이 눈물 나게 아름답다.

그날 저녁

이 혜 우

약속 시각 조금 늦었으니
미안하다고 시원하라고
마음이라며 선심 쓰듯 내어준다
호화스러운 명품
그녀의 옷을 조심스럽게 벗긴다
아래로 내려가며 날씬한 몸매다
만족스러운 눈매와 야릇한 미소
살며시 혀와 입김으로 애무하면
감당 못 하고 서서히 녹아내린다
시원하고 달콤한 야릇한 맛
남녀노소 누구나 좋아하는 기호식품
어제도 먹었는데 오늘도
언제나처럼 새로운 호기심으로
계절 가리지 않고 즐겨 먹는 콘.

제6부

10년을 감추고

•
•
•

한세상 살아가는데
슬픔이 있음으로
행복함을 느끼게 된다.
하여 더욱더 값지다는 것을 알 수 있어
그 행복을 뿌리를 통해
계속 유지하려는 욕심이 있다.

어머니는 살아계신다

이 혜 우

마음이 우울하고 괴로울 때가 있다
갈 곳도 없이 망설이다
고향 어머니 계신 산자락 산소
자주 못 갔는데 오늘 찾아간다
누구나 어머니는 깊은 사랑이 있다
나에게도 더 깊은 사랑 있었다고
지난날의 보자기 풀어놓고
한동안 속삭이며 옛 생각에 웃기도 했다
수백 번 소리쳐 불러보고 그리워해도
그 시절 다시 올 수 없겠지
날마다 찾아온다고 그 사랑 갚을 수도 없어
가슴속에서 떠나지 못한다

가벼운 마음으로 집에 돌아오니
감기로 고생하던 아이들 즐겁게 놀고 있다.

행운의 길

이 혜 우

사는 동안 기적 같은 일이 어쩌다 있다
인간의 힘으로는 상상 못 할 일도 있다
마치 신의 뜻으로 이루어지는 것 같은
그런 일이 가끔 있다는 것이다
억울한 누명도 뒤집어쓰는 것도
무슨 조화 속에 걸려든 사연도
지나고 냉정히 생각해보면
부덕함으로 깨닫게 된다
기적같이 주어지는 행운도 있어
매사에 감사하는 마음도 있다
스스로 만든 복의 기적이 없는데
자신의 실력이나 재주로 알고 있다
재주를 부리는 노력도
상상 못 할 기적도 이뤄져야 한다는 것이다.

인생을 살아가는 데는 두 가지 방법이 있다.
하나는 아무것도 기적이 아닌 것처럼,
다른 하나는 모든 것이 기적인 것처럼 살아가는 것이다.

— 아인슈타인

경제여 웃어보자

이 혜 우

배고파 허덕이던 지갑 속 화수분으로
어디서나 마음 놓고 결제할 수 있다면
추위에 떨던 겨울 지나고 봄이 와
산동네 응달진 불황 물러나겠지

사소한 사랑싸움으로 삐졌던 마음
그리움으로 눈웃음 주는 아량이듯
간절했던 여유로운 생각 찾아들어
치마끈 다소곳이 풀어주는 사랑이듯

이왕이면 풍만하고 좋은 경제 혈통으로
찾아와 진득하니 고향 삼아
떠나지 말고 오래 거주했으면 한다
안정된 생활에 네가 꼭 있어야 하기에

부담 없이 대물림하는 새 가정마다
아기 탄생 울음소리 정겹게 들려오라고.

어느덧

이 혜 우

어릴 적 서기 2000년을 올려보았다
까마득하게 생각하며 별 관심 없었다
20~30대를 보내며 가끔 생각해봤다
그때가 되면 환갑 나이가 되기 때문에
40~50대를 어떻게 보냈는지 생각이 없고
금세 2000년을 맞이했다
기특하다 벌써 환갑이라고
그러면 앞으로 얼마를 더 살지
어느덧 나도 모르게 2020년이 되었다
참 많이 살았다는 생각이 든다
고장 난 곳 이곳저곳 고쳐놓았으니
건강 100세 시대란다 욕심도 많구나
걱정해주는 가족이 있으니 마음 편한데
바라는바 영특한 손자 손녀들의 꿈 이룸이다.

소중한 뿌리

이 혜 우

고맙게 얻은 아들딸 하나씩
이름 있는 기업체 물려주지 못하고
부동산 재산마저 상속시키지 못했으니
마음만 주며 죄인으로 살고 있다
자식 낳아 키워 봐라
그 마음이 부모 모두의 마음이란다
세상사에 너무 부족한 탓인가 싶다
나름대로 이해하니 무엇보다 다행이구나
원망 없이 보살펴주어 고맙다
눈을 즐겁게 해주면서도
귀도 즐겁게 해주니
부잣집 재벌 자손 부럽지 않구나
사회적으로 작은 명예라도 지키며
정도의 삶으로 살아갈 것으로 믿고 있다.

희망의 깃발 달고

이 혜 우

유모차에 두아이를 싣고 나선다
보는사람 신기한듯 보고 웃는다
네살짜리 뒤편에다 바짝 붙이고
두살배기 그앞에다 기대 앉히고
할머니는 뒤에서서 밀며 달린다
좋아하는 손자손녀 웃음 꽃피니
힘들어도 내려보며 보람 느낀다
세월가고 나이들며 삶을 배운다
총명하고 건강하게 어서 자라서
잊지마라 할아버지 보다 할매를
머지않아 훌쩍커서 성공 하여라
우리집안 자랑스런 인물 되어라
사노라면 힘든때가 있다 그때는
참아가며 깊은생각 하여 행하라.

엄마는 행복하단다

이 혜 우

삶으로 귀천 없는 일을 해야 하기에
온종일 잊을 수 없어 틈나는 대로
영상통화로 마음 달래기를 수없이
이 심정 누가 알겠나
너희는 내 희망이며 가족의 꿈나무란다
영특하고 슬기롭게 자라는 그 모습
보람으로 모든 피곤함도 잊고 산단다
자랑스러운 내 사랑 재희
어느덧 유치원에 가는구나
또 하나의 내 사랑 하연이도 어린이집 가야지
할머니 지극정성 사랑으로 보살펴주시니
더욱 건강하고 활기차게 잘 자라니 고맙다
하루하루 보람찬 행복을 가꾸며 사는 것이
누구나 부러워할 삶인가 보다.

창시(創始)*

이혜우

7살 손녀딸 재롱부리듯
엄지손톱에 매니큐어 발라준다
질겁하듯 싫어하던 내가
이제는 스스로 바르고 다닌다

볼 때마다 웃음이 나와 좋고
보는 이 모두 웃어준다
연분홍색으로 하트를 연상하며
사랑의 고귀함을 느낀다

가족 사랑으로부터
이웃 사랑 친구 사랑
나라 사랑 남녀노소까지
사랑은 마음속 깊이서 나와야

나이 든 남자의 새로운 매력
아유(雅遊)*로의 변신은 인생이 즐겁다.

* 창시(創始) : 처음 시작함.
* 아유(雅遊) : 고상하고 풍취 있는.

인생의 봄

이 혜 우

겨울처럼 보낸 서러움으로
눈물 자국 두터워지던 시절
가족의 숭고한 사랑으로
승학처럼 날아올라
찬란한 봄을 맞이한다
얼마나 기다렸던가
졸라맬 허리띠 없어지고
넓어지는 터전
우리 가문 화단에
어사화 피어나니
오늘도 감사기도 한다
이제는 간직할 일만 있다

섣달그믐날 해를 심으니
새해 아침에 찬란한 해가 솟아난다.

유구한 빛으로

이 혜 우

거친 산 가시덤불 헤치고
살아온 지난 세월이었다
안정된 가정을 꿈꾸고
발버둥 치며 살아온 길이었다
언젠가는 밝은 해 뜨겠지 하는
작은 소망 하나 품을까 하는 기도는
기다리는 마음을 가득 채워
우리 가정에 파랑새 날아들었다.

간절한 기도는 영혼을 맑게 하여
울타리 안에 서서히 안개 걷히고
희망의 샛별이 찬란히 뜨고 있으니
삶의 보람이 두텁게 채워진다
믿음과 사랑의 우리 가족은
언제나 감사하며 기도한다.

10년을 감추고

이 혜 우

거울 앞에 앉으니 모습이 어설프다
미용사의 숙달된 손놀림으로
앞서 나온 고뇌의 세월이 잘려 나간다
서운함이 앞서기보다
비겁한 눈가림으로 검은색이 밀려나고
본래의 감춰진 하얀 세월이 드러난다
마음 설레는 호기심들 줄 서는 재미로
하이칼라에 포마드 바르고 으스대던 시절
반세기 넘는 주마등이 스쳐 지나간다
이제는 양심을 속이는 것인지
모양을 숨기는 것인지 몰라도
백발을 검게 하여 감추고 파마를 하니
보기 좋은 변장술에 힘입어
파란 마음으로 십 년이나 후진했다.

홍시

이혜우

감꽃에서 어리게 태어난 어린 꿈
파란 치마폭으로 감싸
소나기 태풍도 막아주고
뜨거운 햇볕을 가려주며 키워왔다
땡감에서 홍시로 성장하였으니
너의 모습 값지게 보이라고 낙엽 된다
보호색으로 할 일 다 했다
푸른 시절 함께한 보람만 간직하련다
산뜻한 가을바람으로 성숙하여
요염한 육체를 과감히 드러내
고귀한 존재감 내세워라
계절의 사랑이 황홀하게 익어 가는구나
알알이 햇빛에 반사된 저 몸매
보는 여러 눈 할아버지와 함께 침 삼킨다.

그래도 부러워하더라

이 혜 우

생각나는 대로 글을 써본다
잘 써지는 듯하며 시(詩)로 표현되고
또는 수필이 되어 가기도 한다
칼럼이 되는가 싶더니 소설로 변하기도 한다
정리하다 보니 갈래를 분리해 쓰고
쓰다 보니 돋보기로 삶을 구상하고
인생을 축소하여 희망 길을 보이며
고도의 자랑 깃발도 높이 세워본다
어쩌다 가난한 시인이 되었나
후회는 절대 하지 않겠으나
크게 자랑거리도 아닌데
누구는 돈보다 값지게 알아주더라
삼라만상과 무간(無間)하여 함께하기에
보이는 모두를 시(詩)로 감사해야겠다.

그래도 멋지게 살자

이 혜 우

컴퓨터를 배우고
스마트폰으로
사진에 글을 넣어
카카오톡으로 보내고
시를 쓰고
낭송을 한다며
여기저기 찾아 나선다
무엇이든 아는 정도 말하고
자랑거리 다듬어 장만하고
머리는 멋있는 듯이 파마하고
옷은 단정히 입는 듯하면서
등 굽고 얼굴 주름살은 어찌할꼬
나이는 숫자에 불과하다 하지만
절대로 속일 수는 없더라.

그 자리

이 혜 우

생각대로 크게 이루지 못해도
소박하지만 알뜰한 삶
후회 없이 살고 싶어
그어진 밑줄 벗어나지 못한다
그러니 기어가는 꿈만 꾸나 보다
뛰는 꿈은 아직도 멀었나
유혹은 장미꽃보다 현란하고
마음은 갈대처럼 흔들리고 있다.

지조 있는 줄기 지키려는 부담
내려다보는 눈빛 가슴 찔러오니
손안에 쥐어지는 목으로
분수껏 살아가는 길 찾고 있다
부러움 알고 욕심은 앞서가는데
그 자리 앞 가리도 못해도 하늘 가리지는 않는다.

큰 바윗덩어리

이 혜 우

나이 든 사람들은 대부분
아내를 사랑하면서도
사랑한다는 말을 아끼는지 안 하는지
고맙고 미안한 것을 알면서도
누가 먼저 가든
가는 날 그 말을 하려는 것인지
그렇게도 보물값인가
아니면 알량한 자존심 때문일까
서투른 삶으로 허덕이다 보니
쑥스러워 그럴까
간지러운 말 너무 흔하면
존재감이 없어 그런가 보다
귀하면 지청구도 귀엽게 들리고
값싼 말보다 깊은 속마음이 든든해서.

지리산 작은 마을

이 혜 우

울창한 숲속 깊은 산비탈에 마을
저마다 여유 있고 멋있는 패션으로
스물대여섯 채가 자리 잡고 서 있다
천년을 살아도 싫증이 나지 않을 그런 곳
환경정화조로 생산되는 밑거름으로
주변 밭 농장은 온갖 푸짐한 야채상이다
황토방 온돌에 불 지피니 따끈해져
현실에 찌들어 무거운 몸 가뿐해진다
아침 안개 자욱하게 끼어 멀리서 보면
신선 궁일까 별장 궁일까 그림 나라일까
슬픈 지난날의 역사의 사연은 깊이 숨어 있고
위로받는 아늑한 별천지 되어 있었다
피톤치드 숲 공기로 머리는 맑아지고
젊어지기 힘들었던 체중은 거위 깃털 같구나.

고도화된 입맛

이 혜 우

요즈음 어쩐 일인지 모르겠다
입맛을 잃어버려 밥맛이 없으니 말이다
젊어서는 끙끙 앓고 나서도 잘 먹었는데
먹고 싶은 것 생각해본다
갈비탕 설렁탕 아니면 냉면
생선회 육회 바닷가재 대게
모든 먹거리 곰 발바닥까지 생각해봐도
입맛에 크게 동요하지 않고 있다.

자장면도 고급 외식이라며 좋아했는데
지난날 보릿고개 배고프던 시절
보리밥 찬물에 말아 먹고도 잘 지냈다
저마다 맛집 찾아다니는 미식가 세상이라니
모두 전설 되어 지난날을 영영 잊어버렸나
언제부터 내 입이 고급화되었단 말이냐.

청평스카이타워

이 혜 우

건너다보이는 푸른 산 위로
흰 구름은 하트 그리며 반기고
강물 수평선 가르는 날씬한 몸매의
멋있는 수상스키 내려다보이는 풍치

지구는 하루에 한 바퀴 도는데
스카이타워는 얼마를 걸려 도는지
서서히 느낌 주며 회전하는 전망대
두바이에 가면 체험해볼 수 있을지

살며시 퍼져 오는 음악에
하트 분위기로 가슴 두근거린다
분홍색 연어는 온몸을 내어주며
바닷가재의 돈독한 미식을 서두른다

사랑이 담긴 와인글라스 부딪치는 소리에
어쩌자고 때늦은 사랑의 파문을 일으키나.

표암문학(경주이씨종친문학)

이 혜 우

살아가면서 자랑거리가 있다는 것은
그 얼마나 즐거운 일인가
나 혼자만의 것이 아니고
경주이씨 종친 모두의 보람찬 일이다
국내 수백 개의 문학 단체가 있어도
세계지도를 펼쳐놓고 살펴봐도
단 하나뿐인 유일한 문학 단체이기에
아름다운 문학의 꽃을 피워나갈 것이다.

수천 년의 뿌리로 만능을 계승받은 자손
명문거족의 명석한 두뇌를 이어받아 왔다
수많은 분야를 참여하여 큰 빛을 발하였으니
문학 부문도 한껏 승화시켜나갈 것이며
문단 영역의 부러움 속에 힘입어
금자탑으로 영원히 이어나갈 것이다.

*표암(瓢巖) : 경주이씨 시조 표암공(알자평자).

한국에서 보기 드문 소네트 시인

松溪 최 홍 규

(중앙대학교 명예교수 · 영문학 박사 · 시인 · 문학평론가 · 수필가 · 통역 번역가 · 한국환경문학인회장 · PEN Korea 번역문학상 수상)

이혜우(李惠雨) 시인은 한국에서 보기 드문 소네트 시인이다. 그가 지금까지 써온 사백여 편의 시 중에서 약 80%가 소네트이다. 그가 소네트와 자기 시를 함께 해설하여 주기를 요청하였다. 나도 소네트를 좋아해서 100여 편 쓰고서 한국에서 소네트 시인 일인자로 생각했는데 이혜우 시인이 일인자가 되어 나는 이인자로 물러서게 되었다.

I. 소네트(Sonnet)

소네트는 이탈리아 시인 페트라르크(Francesco Petrarch, 1304~1374년)가 쓰기 시작했다. 14행으로 행 말에 일정한 각운(脚韻, Rhyme=Rime) 'abba/abba/cde/cde'로 이루어져야 한다. 이탈리아 소네트 또는 페트라르크 소네트(Petrarchan sonnet)라고도 한다. 첫 행부터 8행까지를 옥타브(Octave) 전반부라 하고, 나머지 6행을 세스테트(Sestet) 후반부라고 한다. 14행을 붙여 써야 하는데, 전반부와 후반부 사이에서 한 줄 띄어 쓸 수도 있다.

영국 Henry 8세의 궁정(宮廷) 시인 와이어트(Sir Thomas Wyatt, 1503~1542년)가 이탈리아 주재 외교관으로 있을 때 소네트를 영국에 이식(移植)하였으나 많이 쓰지 못하고 39세에 세상을 떠났다. 그 후에 시드니(Sir Philip Sydney, 1554~1586년) 시인이 영국에서 소네트를 처음으로 많이 쓴 시인이다.

셰익스피어(William Shakespeare, 1564~1616년)가 이탈리아 소네트의 각운 체계(Rhyme scheme)를 'abab/cdcd/efef/gg'로 개량하였다. 이 형식을 영국 소네트 또는 셰익스피어 소네트(Shakespearian sonnet)라고 한다. 셰익스피어는 희곡 37편, 소네트 154편, 장시(長時) 두 편, 그 외의 시(詩) 67편의 작품을 남겼다. 『소네트집 The Sonnets』 초판이 1609년 발행되었다. 이 책이 널리 읽히면서 판을 거듭하여 셰익스피어는 영국 최고의 소네트 시인으로 자리매김하였다. 이때부터 영국의 많은 시인이 소네트를 썼으면 또 현재까지 계속 쓰고 있다. 그런 맥락에서 소네트는 영국 시(詩)의 전통적이며 고전적인 시의 중요한 형식이다. 셰익스피어는 초서(Geoffrey Chaucer, 1340~1400년), 스펜서(Edmund Spenser, 1552~1599년), 밀턴(John Milton, 1608~1674년)과 더불어 영국의 사대시인(四大詩人)이다.

지금까지의 설명과 다음 두 편의 소네트를 읽어보면 소네트를 충분히 이해할 수 있다.

셰익스피어 소네트146

Poor Soul, the Center of My Sinful Earth

Poor soul, the center of my sinful earth, ... a
Lord of these rebel powers that thee array, ... b
(Octave)
전반부 8행
Why dost thou pine within and suffer dearth, ... a
Painting thy outward walls so costly gay? .... b
Why so large cost, having so short a lease, ... c
Dost thou upon thy fading mansion spend? .... d
Shall worms, inheritors of this excess, ... c
Eat up thy charge? Is this thy body's end? .... d
(Sestet)
후반부 6행
Then, soul, live thou upon thy servant's loss, ... e
And let that pine to aggravate thy store; .... f

Buy terms divine in selling hours of dross; .... e
Within be fed, without be rich no more .... f
So shalt thou feed on death, that feeds on men, ... g
And death once dead, there's no more dying then. ... g

불쌍한 영혼이여 나의 죄 많은 육체의 중심

불쌍한 영혼이여 나의 죄 많은 육체의 중심
너를 감싼 이들 반란자의 주인이면서,
왜 너는 안에서는 번민과 결핍을 겪으며,
너의 바깥벽은 그렇게도 호화롭게 단장하느뇨?
빌린 기간도 짧고 쓰러져 가는 너의 집인데,
왜 그렇게도 많은 비용을 쓰는가?
이렇게 사치스러운 육체의 상속자인 벌레들에게,
큰 비용 들인 것을 먹게 하려는가, 이것이 네 육체의 종말인가?
영혼이여 너의 종인 육신을 손해 보게 하고 네가 살라,
너의 종을 굶주리게 하고 너의 재산을 더하게 하라;
시간의 찌꺼기를 팔아서 영원을 사들여라;
안으로 살찌고 밖으론 더는 부유해지지 말라,

그리하여 너는 사람을 먹고 사는 죽음을 먹고 살지어다,
죽음은 한 번 죽으면 두 번 다시 없으리라.

각운(脚韻 Rhyme) : abab/cdcd/efef/gg

셰익스피어 소네트 걸작 중의 한 편이다. 기독교적인 인간관을 보여준다. 육체와 영혼으로 되어 있는 인간은 살아 있는 동안 지나친 욕망, 사치, 허세,

오만 등으로 절제 없는 삶이 영혼에 큰 부담을 준다. 시인이 바라는 인간의 진실성과 겸양을 생각하게 하는 심오한 철학적 성찰을 형상화했다. 서양의 문화와 문학은 성경을 배경으로 한다. 서양인들은 교회에 다니는 것과 상관없이 어려서부터 성경을 읽는다. 나는 가톨릭 신자로서 중학교 때부터 성경을 읽고 있다. 내 책상에는 한국어, 영어, 프랑스어, 독일어 성경이 놓여 있다.

God's Grandeur

The world is charged with the grandeur of God ... a
It will flame out, like shining from shook foil;.... b
It gathers to a greatness, like the ooze of oil ..... b
(Octave)
전반부 8행
Crushed. Why do men then now not reck his rod? a
Generations have trod, have trod, have trod; ...... a
And all is seared with trade; bleared, smeared with toil;
.... b
And wears man's smudge and shares man's smell: the soil .... b
Is bare now, nor can foot feel, being shod .... a

And for all this, nature is never spent; c
(Sestet)
후반부 6행
There lives the dearest freshness deep down things; .. d

And though the last lights off the black West went .. c
Oh, morning, at the brown brink eastward, springs? ... d
Because the Holy Ghost over the bent c
World broods with warm breast and with ah! bright wings .... d

신(神)의 장엄(莊嚴)

세계는 신의 장엄으로 채워져 있다.
그 장엄은 불꽃이 되어 터져 나오리라, 흔들리는 금박의 광채처럼.
그것은 모여 거대하게 되리라. 짓눌려 스며 나오는 기름처럼
그런데 어찌하여 사람들은 신의 권위에 무심할까?

세대들이 짓밟고, 짓밟고, 짓밟아 왔다:
모든 것이 생업으로 시들고, 고역으로 흐려지고 더럽혀져 있다.
그리고 인간의 때가 묻고 인간의 냄새를 풍긴다. 땅은
이제 불모지가 되고, 발은 신을 신었기에 감각할 수가 없다.

그럼에도 불구하고 자연은 결코 소진되지 않으리라;
사물 깊숙이 가장 고귀한 신선함이 살아 있기에;
그리고 마지막 빛이 암흑의 서쪽으로 사라진다고 할지라도
오, 아침이 갈색 동쪽에서 솟아오르기에—
왜냐면 성령이 활처럼 굽은 세계를
품고 있기에 포근한 가슴으로 그리고 아! 빛나는 날개로.

각운(脚韻, Rhyme) : abba/abba/cdcd/cd이고, Octave(전반부) 8행과 Sestet(후반부) 6행이 분리되었다.

호프킨즈(Gerard Manley Hopkins, 1844~1889년)의 소네트다. 전반부(8행)는 페트라르크 소네트 각운이며, 후반부(6행)는 규칙에서 조금 벗어났다. 내가 영국 소네트 시인 4명의 100여 편의 소네트를 분석해본 결과 약 25%쯤 각운 규칙을 벗어났음을 알게 되었다. 각운은 행 끝 단어의 끝 글자가 아니고, 끝마디 발음이다.

호프킨즈는 이 시에서 신과 인간의 관계를 신의 장엄을 통하여 말하고 있다. 첫 줄 "세계는 신의 장엄으로 채워져 있다." 창조주에 대한 찬가의 일종이다. 인간이 신을 무시하고, 자연환경을 파괴하지만 신은 용서하고 자연의 아름다움은 결코 끝내지 않을 것이라고 한다. 이 시에서 이미저리(Imagery)는 신선하고 독창적이며 감정과 지성이 조화를 이루고 있다. 호프킨즈는 가톨릭 사제(司祭)였으며 아일랜드 더블린(Dublin)대학 희랍어 문학 교수도 역임했다. 그는 19세기 사람이지만 그의 시에 나타난 문체, 시어, 운율 등의 새로운 현대성(Modernity)이 높이 평가되어 예이츠(W.B. Yeats, 1865~1939년), 엘리엇(T.S. Eliot, 1888~1965년)와 더불어 영국의 현대 3대시인(三大詩人)으로 자리매김하였다.

Ⅱ. 후세에 유명해진 시인

인터넷 검색창이 불이 났다
지식인으로서 누가 말하기 전에
먼저 잘 알고 있어야 수치심이 없기에
저마다 이혜우 시인 검색창을 열어본다
유명한 문학평론가의 발표된 정보다
고서에서 발견하여 심도 있게 연찬하여
선입견 없이 편견 없는 작품성 평론이다
잠에서 깨어난 역사의 보물급이란다.

때로는 엉뚱한 상상을 하면서
있을 것 같은 생각을 할 수도 있다
꿈같은 기대치 희망이면서도
바보처럼 생각하는 것도 보약이 된다
모나리자 미소를 띠다 앙천대소한다
엔도르핀이 솟더니 순간 다이돌핀이 폭발한다.

—「후세에 유명해진 시인」 전문

시집 제목과 같은 시이다. 정확히 쓰면 '후세에 유명해진 이혜우 시인'이다. 원고를 받아보니 시집 제목이 특이하여 같은 제목의 시를 찾아서 세 번을 읽으니 이해할 수 있었다. 작가들은 누구나 자기 작품이 현재 또는 미래에 유명해져서 널리 읽히고 문학사에 이름이 남기를 바란다. 이와 같은 의미에서 이혜우 시인은 솔직하고 유머(Humor)가 있고 담대하다. 실제로 이런 일은 동서고금에서 일어난 예가 많다. 바로 위에 말한 호프킨즈도 무명 시인이었지만 사후 30년 만인 1918년 친구인 계관시인 브리지즈(Robert Bridges, 1844~1930년)가 그의 시 전집을 출판해서 널리 읽히고 영국의 현대 3대 시인의 반열에 올랐다.

이혜우 시인은 앞부분에서는 꿈이 이루어진 것을 가정하고 뒷부분에서는 꿈은 꿈으로 끝날 수도 있다고 하지만 꿈이 실현될 수도 있다. 김영삼 전 대통령은 어린 시절부터 대통령이 되겠다고 했다. 정치적으로 어려운 고비를 몇 번 넘기고 꿈을 이루었다.

악착 하나로 살아보겠다고
넝쿨 감아 돌며 길 찾아
울타리에 생명줄 걸고
때 이른 더위와 힘 겨룬다
초복이 오기 전 귀염둥이 되려고
사랑스러운 풀벌레 소리 들으며
복스럽게 키워낸 자식
고귀하게 금은보화로 대접받는다.

입가에 매달린 하소연
다하지 못하고 처연해질 때
깊은 밤 내리는 은방울 모아
목욕하고 마시며 살찌우고 있다
밤새도록 축복해주는 소쩍새 소리에
가슴 부풀어 오르는 힘찬 모습.

—「애호박」 전문

읽을수록 재미있고 또 읽고 싶은 시이다. '포근하고 아늑한' 시골의 풍경이다. 첫 네 줄에서는 자연에 순응하는 식물의 생명력을 말하고, 후반부 여섯 줄에서는 "은방울 모아/ 목욕하고 마시며 살찌우고 있다"와 "축복해 주는 소쩍새 소리"는 자연의 상생 즉 자연의 섭리를 동시 같은 서사를 통하여 아름답게 표현하고 있다.

포근하고 아늑한
시인의 가슴속에는
항상 시(詩) 꽃 피우려고
봉오리 져 있다
어느 곳에서나
이미지를 상견하고
마음에 드는 사물에 의하여
활짝 피워보려는 간절한 소망
준비된 감정의 너그러움은
상상력을 불러 궁합을 보고
하늘이 준 인연으로
오로지 꽃가마 태워주려는 열성
고칠 수 없이 중독되었으니
평생을 두고 선보러 다닌다.

—「지독한 중독」 전문

'중독'은 약물 중독, 알코올 중독처럼 거의 부정적인 의미로 많이 쓰이지만 여기서는 시에 대하여 깊은 관심이 중독처럼 강하다. 시(詩)는 쉽게 써지는 것이 아니다. 많이 읽고, 많이 써보고, 많이 생각해야 하는 필수 과정을 거쳐 시를 잘 쓰려면 이 시에 나타난 중독 증상이 있어야 한다. Octave 전반부 8행과 Sestet 후반부 6행이 분리되어 있다.

짧고 쉽게 읽히지만 '시(詩) 꽃' 이미지, 간절한 소망, 상상력, 열성 등 "평생을 두고 선보러 다닌다"처럼 시 쓰는 데 중요한 키워드(Keyword)가 들어 있다. 시 쓰기에 중독되지 않고는 시를 잘 쓸 수 없다는 뜻이다.

먹고사는 식량 부족하다고
곡식으로는 절대 금지하던 시절
어디 그렇게 되던가
농사일하고자 밀주를 담근다
동네 어귀 느티나무 아래서
일꾼들의 오후 새참 막걸리 한 동이
한잔 술 생명줄 넘어가는 소리 환상곡
마디진 손으로 깊은 피로를 물려낸다.

지나는 나그네 불러 정겹게 권한다
특특한 막걸리 정으로 고맙게 받아 마시고
두 잔은 절대 사양하는 아량
생각 속에 숨어 있는 뜻깊은 사랑
민족의 씨앗으로 가슴속 깊이 남아
어려움 헤쳐 나갈 양심은 안녕하라고.

—「농주」 전문

'농주(막걸리)'에 관하여 '농촌, 일꾼, 막걸리 인심, 민족의 씨앗' 등을 사용하여 시 한 편으로 농주와 농주 인심을 선명하게 나타냈다. '농주'를 주제로 이보다 더 잘 쓸 수는 없을 것 같다. 특히 "한잔의 술 생명줄 넘어가는 소리 환상곡"이라는 표현은 매우 적절하고 놀라운 표현이다. 환상곡(Fantasy)은 형식에 구애됨이 없이 떠오르는 대로 작곡한 악곡을 나타낸다. 막걸리 마시는 데 구차한 형식이 없고, 한 잔 마시면 자유로운 악곡을 듣는 듯이 몸과 마음이 편해진다.

막걸리를 좋아하면서도 두 잔은 절대 사양한다는 것은 힘들게 일하는 사람이 조금이라도 더 마시라는 속사랑이 깊이 숨어 있음을 민족의 씨앗이라 했다.

이 시를 읽으니 농주에 얽힌 에피소드 한 가지가 생각난다. 초등학교 5학년 때 초여름 일요일이었다. 우리 집 일꾼 셋이 집에서 1㎞쯤 떨어진 밭에서 일하는데 새참으로 양조장에서 막걸리 한 되 사서 안주 통과 함께 가지고 가다가 중간쯤에서 민들레꽃을 꺾으며 쉬는데 1m 앞에서 뱀이 지나갔다. 나는 깜짝 놀라서 일어서면서 주전자와 안주 통이 발에 걸려 물 논에 빠졌다. 그대로 버려두고 집으로 오는데 상머슴(나이 많은 팀장)이 밭에서 내려다보다가 뛰어왔다. 주전자와 안주 통이 논 속에 빠진 것을 보고 넘어졌냐고 물어서 뱀이 지나가는데 깜짝 놀라 일어서는데 발에 차였다고 하니 나를 업고서 집에

왔다. 나는 그 후로 다시는 그런 심부름을 안 했다.

거울 앞에 앉으니 모습이 어설프다
미용사의 숙달된 손놀림으로
앞서 나온 고뇌의 세월이 잘려 나간다
서운함이 앞서기보다
비겁한 눈가림으로 검은색이 밀려서고
본래의 감춰진 하얀 세월이 드러난다
마음 설레는 호기심들 줄 서는 재미로
하이칼라에 포마드 바르고 으스대던 시절
반세기 넘는 주마등이 스쳐 지나간다
이제는 양심을 속이는 것인지
모양을 숨기는 것인지 몰라도
백발을 검게 하여 감추고 파마
보기 좋은 변장술에 힘입어
파란 마음으로 십 년이나 후진했다.

—「10년을 감추고」 전문

사람의 마음은 젊으나 늙으나 같다. 마음의 섬세한 정도와 사물에 대한 인식의 차이가 크게 변하지 않는다. 이용원이나 미장원에서 머리에 염색하는 사람들이 이 시를 읽으면 시인은 어쩌면 내 마음을 이렇게 잘 알 수 있을까 하고 감탄할 것이다. 미국 하버드대학 심리학 교수 존슨(Johnson)은 “남녀가 가장 신경 쓰는 신체 부분이 헤어스타일이다.”라고 말했다. 지하철 안에서 머리를 매만지는 젊은이들을 쉽게 볼 수 있다. “늙은이가 머리 염색하고 젊어진 듯이 웃지만, 속마음은 씁쓸할 것이다."라는 명제를 이 시가 웅변적으로 말하고 있다.

이 시는 어쩌면 나를 모델로 한 것 같다. 직장에 다닐 때는 한 달에 두 번씩 이용원 갔고 때때로 머리 염색도 했다. 정년퇴임하고는 한 달에 한 번씩 이용원에 간다. 금년에는 코로나19로 집에만 있어서 두 달에 한 번씩 이용원에 간다. 이발사가 나에게 "머리 염색하면 10년은 젊어진다."고 말한다. 어쩌다 한 번 머리 염색하면 '본래의 감춰진 하얀 세월이 드러나며 양심을 속이는 것인지 모양을 숨기는 것인지 몰라서' 서글프다.

이혜우 시인은 소네트를 기본 형식으로 하여 비교적 짧고, 이미저리가 선명하며, 그리고 일상 용어를 많이 사용하여 독자가 읽기 편한 가독성(Readability)을 높였다. 소재(素材) 선택에서 해바라기, 민들레, 맨드라미, 사발 꽃, 복수초 꽃과 식탁의 풍요, 홍시, 마냥모, 부지깽이, 선풍기 등 특히 농촌 생활과 관련된 것들의 시적 범용을 통하여 독자의 흥미와 공감을 불러일으키는 시적 감수성이(Poetical sensibility) 높은 시인이다. 예술과 문학은 사람에게 흥미와 공감을 주는 작품이 성공작이다. 이 시집의 시를 읽을수록 흥미와 공감을 느낀다.

이혜우 시인의 시(詩)는 단순한 듯하면서, 미감(美感)에 호소하며, 열정(Simple, sensuous and passionate)이 스며 있다. 추상적 개념의 의인화 같은 것, 과장되고 현학적(Pedantic)인 레토릭(Rhetoric)이 없어서 좋다. 자연 사랑과 생명 사랑이 인간존중과 더불어 깊은 사색과 철학적 담론이 시맥 속에서 숨 쉬고 있다. 솔직하고 진실한 인품과 시의 전개와 표현이 시 속에서 균형을 이루고 있다. 이 글을 쓰면서 이혜우 시인의 시를 거듭 읽으니 19세기 영국 최고의 시인 워즈워스(William Wordsworth, 1770~1850년)의 "시는 힘찬 감정의 자연스러운 넘쳐흐름이다(Poem is the spontaneous overflow of powerful feelings)."라는 말이 생각난다. 아무쪼록 나의 오랜 글 벗 書受 이혜우(李惠雨) 시인의 꿈 "후세에 유명해진 시인"이 되기를 충심으로(Sincerely yours) 기원한다.

최홍규

문학세계대표작가선 941

후세에 유명해진 시인

이혜우 소네트 시인 시집

인쇄 1판 1쇄 2021년 1월 21일
발행 1판 1쇄 2021년 1월 28일

지 은 이 : 이혜우
펴 낸 이 : 김천우
펴 낸 곳 : 도서출판 천우
등 록 : 1992. 2. 15. 제1-1307호
주 소 : 서울시 성동구 무학봉28길 6 금용빌딩 2F
전 화 : 02)2298-7661
팩 스 : 02)2298-7665
http://moonhak.wla.or.kr
E-mail : chunwo@hanmail.net

값 12,000원

ISBN 978-89-7954-834-1